Diego María Arenas Aguilar
Claudia Pinzón Romero

El aprendizaje de la música en la escuela a través del método kodály

Diego María Arenas Aguilar
Claudia Pinzón Romero

El aprendizaje de la música en la escuela a través del método kodály

La música es oídos, ojos,olfato, gusto,tacto y corazón a la vez

Editorial Académica Española

Imprint
Any brand names and product names mentioned in this book are subject to trademark, brand or patent protection and are trademarks or registered trademarks of their respective holders. The use of brand names, product names, common names, trade names, product descriptions etc. even without a particular marking in this work is in no way to be construed to mean that such names may be regarded as unrestricted in respect of trademark and brand protection legislation and could thus be used by anyone.

Cover image: www.ingimage.com

Publisher:
Editorial Académica Española
is a trademark of
International Book Market Service Ltd., member of OmniScriptum Publishing Group
17 Meldrum Street, Beau Bassin 71504, Mauritius

Printed at: see last page
ISBN: 978-620-2-11794-4

El aprendizaje de la música en la escuela
a través del método Kodály ([1])

Por:

Diego María Arenas Aguilar ([2])

Claudia Constanza Pinzón Romero ([3])

Popayán, Colombia, Marzo 2018

---

[1] En esta publicación se presenta en forma condensada la propuesta formativa musical que se desarrolla en el Manual didáctico: El aprendizaje musical con el método Kodály en la escuela (octubre 2017) del músico Diego María Arenas Aguilar, el cual emerge de una tesis realizada en el pregrado para obtener su titulación, la cual obtuvo mención de honor por su énfasis investigativo y de aplicabilidad en contextos escolares.

[2] Estudiante de la maestría en Investigación Musical de la UNIR de España. Licenciado en educación musical, Maestro en trompeta y Músico cantante lírico, de la Universidad del Cauca. Docente de la Institución Universitaria Colegio Mayor del Cauca y de la Institución educativa César Negret Velasco de Popayán. E-mail: diegomariaarenas@gmail.com,diarenas@unimayor.edu.co

[3] Cdta a Doctora en Filosofía civil - Universidad Pontificia Bolivariana, Mg en educación- Universidad del Cauca, Licenciada en Filosofía- Universidad del Valle. Docente Universidad del Cauca, Fundación Universitaria Juan de Castellanos, Fundación Alejandría. E-mail: cpinzón@unicauca.edu.co

INDICE

Resumen

Este artículo se deriva de las reflexiones realizadas en torno a la enseñanza y aprendizaje de la música en el ámbito educativo colombiano, donde el maestro de música a través de sus prácticas pedagógicas en el área de educación artística, en la básica primaria, busca identificar el método más apropiado para la formación musical, puesto que debe dar prioridad a las necesidades, búsquedas, intereses y talentos del estudiante según su contexto sociocultural, para finalmente articular estos conocimientos a la creación, producción y ejecución musical. Es así, que en forma condensada se presenta y se desarrolla, por grados escolares desde la educación inicial hasta la básica primaria, una propuesta educativa que propende por la valoración y mejoramiento de la educación musical en las escuelas, además de problematizar la necesidad de identificar criterios para la enseñanza y formación de educadores musicales para la escuela. Así mismo, se muestran las fortalezas que proporciona el método Kodály como un posible modelo de aplicación para la enseñanza y el aprendizaje musical, en consideración a que este permite en contextos educativos resignar los valores musicales tradicionales de la cultura si se aplica en forma sistemática y comprometida.

Palabras clave
Educación musical, escuela, método kódaly,

Abstract

This paper is inspired on previous work done around music learning and teaching in colombian teaching background, where music teachers use their best elementary art education practices to determine the most appropiate methods for musical teaching, giving the correct importance to students needs, interests and captabilities acording to their own context in order to promote the performance and creation of music. Therefore, it is developed a methodology proposal for specific scholar levels, such as first education and elementary school, a educational proposal oriented to improve music teaching at school, also to identify valid criteria for music teachers formation. As well, it pretends to show Kodály, strengths as possible method for music teaching, considering its functionalities of adapt itself to particular educational contexts if it is implemented properly.

1. Introducción

"La música es un arte educativo por excelencia, se inserta en el alma y la forma en la virtud" Platón

El Ministerio de Educación Nacional (MEN) colombiano en varias oportunidades ha intentado impulsar programas para la educación musical en las instituciones educativas, no sólo en el nivel básico primario, sino también en la secundaria, sin tener hasta el presente resultados significativos. Esto devela en su trasfondo que la educación musical no ha sido planificada y programada para realizar una asertiva formación integral y también se le suma, la falta de docentes capacitados y el poco interés e importancia que le brindan a esta área los directores de escuelas y colegios.

Es así, que los docentes de música deben encontrar alternativas con bases metodológicas y didácticas para fundamentar, aplicar en forma sistemática y fortalecer ésta área, pues han estado huérfanos de programas y lineamientos del estado, que garanticen los procesos formativos en la música de los niños y jóvenes del país. En este escenario educativo es donde se gesta el diseño de la estrategia pedagógica del Aprendizaje musical en la escuela, que propende porque los estudiantes al finalizar su ciclo escolar posean conocimientos musicales relevantes para niveles avanzados en una de las disciplinas más representativas del espíritu humano, como lo es la música.

Se puede afirmar que en el siglo XXI, la enseñanza de la música en la experiencia educativa es muy precaria aún, solo se enseña lo que la demanda social impone a través de instituciones educativas del estado que rigen el sistema, de tal forma se encuentra que el área de artística incluye la música en la escuela pero que pocas veces se orienta, porque el auge de la "sociedad de aprendizaje" contemporánea y la insistencia en democratizar la educación escolar, cada vez oculta más las áreas de humanidades y en especial la música, en tanto se busca educar en competencias para lograr el engranaje en el sistema económico de la "sociedad de consumo" de esta segunda modernidad.

Esta preocupación es compartida con las artes, la literatura, la filosofía, el cine, el teatro y otras disciplinas afines, que son quienes con sus producciones culturales, la vocación educadora y transformadora forman la voluntad del sujeto para ser críticos de sus realidades, es decir, pensar y hacer de otro modo el mundo. Es relevante entonces preguntarse qué significa formar integralmente y la respuesta exige hacer un retorno a la sociedad griega, quien consideró que la formación (Bildung)[4] se da gracias al acompañamiento del otro para el encuentro con el mundo de la vida;

---

[4] Bildung, en el sentido griego incluía la educación tanto de la configuración artística y plástica como la imagen o idea de tipo normativo que se cierne sobre la intimidad del artista. Educar el éthos de la persona para «armonizar» sus acciones con el orden del mundo es fundamental para la sociedad. De esa manera, se podría «curar» al alma de fragilidades.

formación como experiencia educativa en el éthos de la persona para compartir con otras generaciones un sentido artístico que construya una mirada estética sobre el mundo y la realidad.

De esta manera, el encuentro educativo es una experiencia entre dos, y también es el acompañamiento al otro para que comprenda y pueda leer su mundo y lo interprete. La educación por sí misma es incluyente, no solo vela por las singularidades integra a todos en un mundo y tiempo vital y común. De esta manera, están los que precedieron en el tiempo, contemporáneos y los que vendrán, es una promesa de existencia que no consiste solo en un encuentro intergeneracional sino en descubrir el mundo con las capacidades plenas para poder tener buena vida, de gozo en relación consigo mismo y con los demás, que supere las contingencias y las fragilidades de la vida.

¿Y cuál es el lugar de la música desde esta perspectiva? Es necesario entonces retornar y re-crear el pensamiento de las civilizaciones antiguas que consideraron la música de carácter subversivo debido al poder que tiene de afectar la voluntad, alterar el carácter y afectar el comportamiento humano, para comenzar a comprender en la escuela que la música potencia los procesos de formación de los niños, en tanto propende por la expresión de sentimientos, emociones y narrativas cotidianas que movilizan el pensamiento para transformar la propia esencia y la realidad del otro.

Entre los principales objetivos de la educación musical se encuentra el desarrollo de la sensibilidad musical, la vivencia de la música, la comunicación y la expresión a través de la música. Hemsy de Gainza (1977) afirma que el propósito final de educar musicalmente "es conectar al hombre con su entorno musical y sonoro, descubrir y ampliar las vías de la expresión musical, es decir, "musicalizarlo". Esto conlleva intrínsecamente a despertar el interés y el placer por acercarse a la música en sus diferentes facetas: como oyente comprensivo, como intérprete y como creador.

La "musicalización" está vinculada no solo con el aprendizaje de la gramática musical, la interpretación de un instrumento, el conocimiento de una técnica vocal sino también con la audición comprensiva, es necesario establecer el acercamiento a la música, y en especial a la música en vivo, no solo a través de la audición musical por medios audiovisuales en aula en la escuela. Neuman Kovensky (2004) afirma que "La audición activa y comprensiva, es una de las formas de hacer música, junto con la creación y la ejecución". Gracias a este aprendizaje el oyente participa activamente durante el transcurso de una obra y se le facilita gozar de la música de un modo más consciente y profundo, promoviendo en él variadas y ricas respuestas afectivas e intelectuales".

Por tanto, Los maestros de música en la escuela tienen el compromiso de promover y fomentar la audición musical activa y comprensiva al igual que incentivar la vivencia y experiencia de escuchar música en vivo con los estudiantes. La estrategia pedagógica musical del maestro debe desarrollar fundamentalmente la percepción auditiva la cual exige memoria musical, atención y concentración. De esta manera, por ejemplo, el concierto didáctico puede ser una estrategia de aprendizaje para los estudiantes. Existe entonces el deber de compartir la responsabilidad de la educación musical en la sociedad.

Es decir, la música es una práctica humana que promueve valores primarios como son: el placer y el agrado, a través de la construcción auditiva- temporal, el auto- crecimiento y el autoconocimiento. La música es multicultural entrelaza prácticas y diversidad de culturas musicales, como ocurre con el jazz, la salsa, el rock, etc. Según Elliot (1995) la música posee cuatro aspectos básicos: Primer aspecto: es un esfuerzo humano, que depende principalmente de la construcción socio- cultural. Segundo, La música no incorpora elementos formales aislados, porque considera la melodía, armonía, ritmos, timbres, entre otros; como elementos integrados. Así, el compositor, el intérprete y el oyente logran distinguir desde su plano dimensional los diferentes elementos sonoros. Tercero: La música se relaciona con otras acciones como el movimiento corporal, la danza, la dirección orquestal, entre otras. Por último, La música aborda una vasta variedad de objetivos y funciones sociales. En resumen, la música es un hilo invisible que relaciona creencias, valores y formas de comportamientos de una sociedad.

2. Acerca del origen del método Kodály en la enseñanza y el aprendizaje musical

Entre los métodos de enseñanza musical se encuentran el suizo Dalcroze, los franceses Ward y Martenont, el alemán Orff y el húngaro Kodály sin embargo, en Colombia estos solo se conocen en forma fragmentada e incompleta, adicional a esto, el dominio del método lo ejercen un número reducido de pedagogos que aunque con buena voluntad de difusión, solo tienen una aproximación a los procedimientos que se emplean en cada uno a través de cursillos breves, que ofrecen en algunas escuelas, academias o instituciones del país. Así mismo, la aplicación de estos sistemas en los países de origen han sido sucesos relevantes y revolucionarios en la formación musical porque sus cancioneros han sido creados a partir de los referentes musicales de esas culturas, pero en nuestros contextos se aplican los métodos replicando los cancioneros extranjeros.

Zoltan Kodály nació el 16 de diciembre de 1882 en la ciudad Húngara de Kec Skement, y murió en el año de 1968. Abordó con profunda dedicación el estudio del folklore de su país. La sistematización metodológica musical fue la base para sus actividades didácticas y para la reestructuración y planificación de los estudios musicales en todas las escuelas, logrando con ello, elevar en conocimiento musical de las comunidades. Kodály, además de pedagogo fue un excelente compositor. Algunas de sus obras musicales son: Salmos Húngaros para tenor, coro y orquesta, Danzas de Maroskek, Suite sinfónica extraída de la ópera bufa Hary Hanos, Opera Hilandería Magiar, Te Deum, Música para piano, Cuarteto vocal y colección de canciones populares Húngaras, Sonatas para violín y violoncelo, Sonatas para violoncelo y piano, Sonatas para violoncelo solo, Composiciones para coro solo, Sonata para dos violines y viola. Entre las obras pedagógicas más destacadas se encuentran: Colección de melodías para la escala Tomos I y II, editadas en Budapest en 1944, La canción tradicional en la educación musical en Hungría en el año de 1967, La canción tradicional dentro de la pedagogía musical, en el año de 1967, Música Pentatónica, volúmenes I – II – III – IV, Canciones tradicionales Húngaras para voz y piano.

El músico y pedagogo Húngaro Zoltan Kodály consideró que la música es tan necesaria como el aire, es una necesidad primaria de la vida y comienza desde el vientre; Lo auténticamente artístico es muy valioso para los niños, por esta razón la música de la mejor calidad en la infancia es la tradicional porque esta afincada en las costumbres de un pueblo. Kodály afirmó que la música folclórica es la base de la expresión musical nacional en todos los niveles de educación. Adicionalmente, fundamentó el método de la educación musical como parte de la educación general y afirmó que así se puede "educar el oído, el ojo, la mano y el corazón a la vez", para contribuir en la formación integral de los niños en la escuela a través de un camino apropiado en el desarrollo de la educación musical.

El método Kodály contiene en su esencia una motivadora manera de aprender la música, haciendo de su didáctica un "juego". Por tanto, para la comprensión de la técnica, es importante mencionar que no solo se utiliza un sistema de cinco notas sino que además se integra la escala completa y también algunas notas cromáticas. El procedimiento de canto se realiza mediante signos manuales, con canciones del dominio popular. El método enseña el solfeo de una forma lúdica. A través de la canción el aprendizaje de la música es una vivencia en la que se desarrollan aptitudes musicales, en tanto la voz es un instrumento común a todos y con esta premisa se educa al niño para que se acostumbre a las notas y a los ritmos en la práctica, de tal forma que luego pueda llegar a la teoría con mayor disposición de aprendizaje. Es necesario que cuando los estudiantes lleguen al instrumento toquen las piezas que han aprendido cantando. Es por esto, que el método posee una forma de leer el pentagrama con el sistema relativo y propone un procedimiento para cantar con signos manuales.

De esta forma, el aprendizaje musical a través de la práctica vocal e instrumental fortalece la lecto-escritura de las silabas rítmicas[5], la fononimia[6] y el

---

[5] Las sílabas de solfeo rítmico, adaptadas por Kodály del sistema francés, se utilizan para enseñar a leer y a escuchar el ritmo por figuras y por grupos, en lugar de por sumatoria de valores. Tomando la negra como unidad de pulso, éstas y las corcheas no se entienden como el doble o la mitad del valor una de otra sino como sonoridades a las cuales se les asignan sílabas diferentes que los niños pueden aprender a distinguir (Zuleta, p 73)

[6] Los signos manuales diseñados por John Curwen en 1870 representan visualmente las notas de la escala y sus relaciones entre sí, es decir, la tensión melódica de cada grado de la escala. En la metodología Kodály tradicional estos signos se utilizan obviamente dentro del sistema de Do movible. Cada signo representa un grado de la escala (1,2,3, etc.) y un nombre (Do, Re, Mi, etc.). Dentro del sistema de Do fijo cada signo representa un grado de la escala (1,2,3, etc.) cuyo nombre varía de acuerdo con la tonalidad que esté representando (Do, Re, Mi en Do mayor, Fa, Sol, La en Fa mayor, Sol, La, Si en Sol mayor, etc.) Los alumnos asocian los signos manuales a números en lugar de a nombres fijos. (Zuleta p 76)

solfeo relativo[7]. Kodály muestra la relación de cada figura y su valor con una sílaba para obtener una sensación fonética y una relativa agilidad o lentitud en las fórmulas rítmicas y su contexto global. Así mismo, el solfeo relativo permite entonar cualquier melodía representada en una línea desde el punto de la escritura musical. La línea representa el pentagrama convencional y en ella están las notas con sus nombres respectivos debajo expresados con la primera letra correspondiente. Así se obtiene en la entonación la tonalidad de la obra música original.

3. Kodály el método y su aplicación

El método Kodály se comenzó a aplicar desde 1945 y para comprender los principios que este propone es necesario ir a fuentes históricas de la formación musical en tanto el fundamento del método se encuentra en el Solfeo Relativo (do móvil). Los objetivos generales que plantea el Método musical Kodály son: Educar musicalmente al niño en la edad pre-escolar y escolar; Lograr que se exprese y comunique por medio del lenguaje musical; Desarrollar la capacidad de expresarse corporalmente y la capacidad para integrarse socialmente, contribuyendo así, a establecer los vínculos humanos y comunitarios; Gozar y comprender la música según intereses, edad y desarrollo general; Cantar de manera natural y expresiva; Identificar y valorar la música folklórica; Ampliar los horizontes culturales y familiarizarse con lo mejor de las distintas clases de música en cuanto a autores y obras; Desarrollar facultades físicas, efectivas y mentales, para la formación libre de la personalidad y Vincular las manifestaciones musicales con la evolución histórica de la cultura de su país.

Entre los objetivos específicos se encuentran: Preparar a los estudiantes para la lectura e interpretación musical, entonada y expresiva, desarrollar gradualmente el sentido rítmico y melódico mediante canciones y juegos, Comenzar con el canto coral desde edades tempranas, fortalecer progresivamente el proceso formativo. Incentivar y orientar la creatividad mediante la improvisación rítmica, melódica y rítmico-melódica, disponer al estudiante para cantar en cualquier tonalidad, gracias al Do móvil, emplear gestos manuales para la altura del sonido, que el niño debe identificar y realizar simultáneamente al cantar, interpretar al unísono o a varias voces, con o sin acompañamiento de instrumentos, canciones folklóricas, populares y clásicas, tener buen control de la respiración, la dicción y entonación en la ejecución de las canciones.

El método considera dos aspectos a abordar para ser aplicado: los aspectos rítmicos y los aspectos melódicos. Los rítmicos, según el método de Kodály

---

[7] La enseñanza del solfeo melódico característico de la metodología Kodály tal y como se utiliza en Hungría, Alemania y Estados Unidos se basa en el sistema de solfeo relativo o Do movible, en el cual las alturas absolutas son denominadas mediante letras y las sílabas de solfeo, Do, Re Mi Fa, Sol, La, Si corresponden a los grados de la escala 1,2,3,4,5,6 y 7 sin importar en qué tonalidad ocurran. (Zuleta en el método Kodály y su adaptación en Colombia. Cuad. Músic. Artes Vis. Artes Escén., Bogotá, D.C. (Colombia), 1 (1): 66–95, Octubre 2004–Marzo 2005. © 2004 Pontificia Universidad Javeriana)

inicialmente consisten en utilizar palabras y sonidos con significación rítmica para superar las dificultades del comienzo del aprendizaje.

El acompañamiento simultáneo puede ser con palmas o con percusión y seguidamente, se explican las representaciones iniciales de los sonidos y sus valores rítmicos:

$$\begin{array}{ccccc}
\text{♩} & = & \text{Ta} & = & \text{Negra.} \\
\text{♪} & = & \text{Ti} & = & \text{Corchea.} \\
\text{Z} & = & \text{Sil} & = & \text{Silencio de negra.}
\end{array}$$

Ejemplo de aplicación:

						Z
Ta	Ta	Ti	Ti	Ti	Ti	Ta	Sil

Al comenzar, los ejercicios se hacen con palmadas, y una vez dominada la dificultad rítmica inicial, se enuncian usando las sílabas rítmicas anotadas.

Finalmente, los motivos rítmicos serán escritos en una pauta especial formada por dos líneas paralelas.

Para facilitar la escritura en los estudiantes, se sugiere indicarles los movimientos rítmicos del lápiz con líneas punteadas, tal como se explica en los siguientes ejemplos:

TA = | = Línea vertical.

TI-TI = = Curva que comprende las dos corcheas.

TA TI-TI | TA TI-TI | TA TI-TI | TI-TI TA

A continuación se indican los diferentes modelos de fonemas que utiliza el método para identificar las notas y sus valores:

Para negras con puntillo:

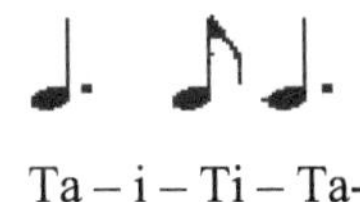

Ta – i – Ti – Ta-i

Para la síncopa:

Para las Blancas:

Para las semicorcheas:

Para los tresillos:

Para cuatro semicorcheas:

Para la corchea con Puntillo y Semicorchea:

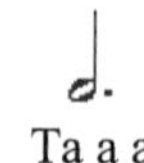

Para la blanca con puntillo:

Para la redonda:

Ta a a a

Para el silencio de corchea:

       7   - Sil.

Para el silencio de Negra:

       Z - Sil

Las principales actividades en torno a la capacidad rítmica, giran alrededor de: **Dictados rítmicos:** (Con palmas, en forma individual y por grupos). **Canción rítmico-percutida:** (El número de los grupos dependerá del nivel de los estudiantes).**Lectura mediante sílabas rítmicas**: Cuyo detalle se ha indicado.

El primer contacto con el ritmo, lo hace el niño mediante un bastoncito con el que golpean y marcan las pautas o tiempos; más tarde se les enseñará a conocer y señalar los medios tiempos, se muestra enseguida, un ejemplo de las particularidades rítmicas de las canciones infantiles regionales:

Canción: **Caracol**

Es importante destacar que los ejemplos que se tomen para practicar, sean fragmentos de canciones conocidas y ya aprendidas por los estudiantes. Para la enseñanza de la pausa o silencio de negra, es necesario que los estudiantes hayan aprendido diferentes canciones en las que aparezca. No se debe, en principio, mencionar para nada la palabra "pausa". Las canciones, como siempre, se interpretan imitando al maestro.

De esta manera, los estudiantes captan correctamente la fórmula rítmica. Al batir palmas siguiendo las pautas o al marcar el ritmo, el niño se dará cuenta de la duración de una pausa o silencio de Negra, haciendo en su lugar, sin cantar, un movimiento o un paso en silencio.

Seguidamente, se anota un esbozo del orden en que se enseñan los elementos rítmicos:

Compás de 2/4

Compás de 4/4

Compás de 3/4

Compás de 3/8 y otros compases
4/4, 2/4, 3/4 y 2/4

Compás de 6/8 y otros con   y   como unidades

Compás de 9/8

Compás de 3/2, 4/2 con   como unidad

Compases de 7/4, 7/8 con   como unidad

Cuatrillos, Cinquillos, Seisillos.

El principio del aspecto melódico se fundamenta en la interpretación de canciones auténticamente folklóricas, de preferencia infantiles, que los estudiantes conocen muy bien. Tanto por influencia familiar como de la cultura. Se detectan aquellas canciones que comienzan con una tercera menor descendente y se busca una canción particular donde aparezcan los dos primeros sonidos que recomienda el método Kodály. Estos sonidos de diferente altura se indican al estudiante, destacando que el más alto se llama SOL y el más grave se llama MI. De igual modo, se muestra que en este momento, se trabaja con entonación relativa, o sea, el sistema de Do móvil. El sonido **SOL** se representa así: Antebrazo flexionado, la mano abierta, los dedos juntos con la palma hacia adentro a la altura del pecho.

El sonido **MI** se representa así: Se mantiene el brazo flexionado, la mano abierta pero con la palma hacia abajo, desciende un poco de donde se marca el **SOL**, formando un semicírculo; del pecho a la cintura.

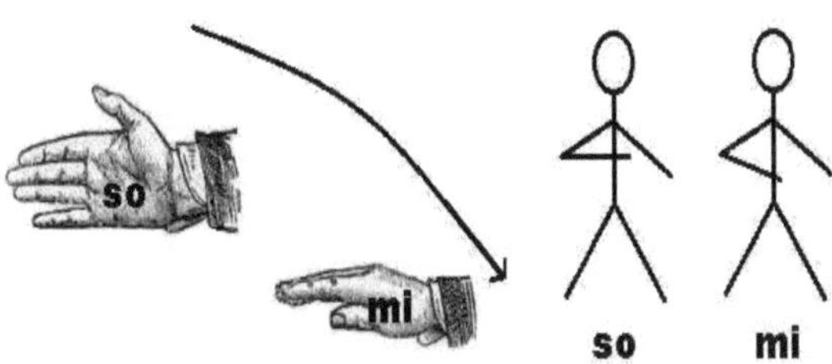

La metodología Kodály empieza el trabajo con la Escala Pentatónica y es así, como progresivamente se incorporan al SOL – MI iniciales, el LA luego el DO y finalmente, el RE, los cuales van siempre asociados al gesto. El pentagrama se comienza con dos líneas, empezando por los intervalos SOL – MI.

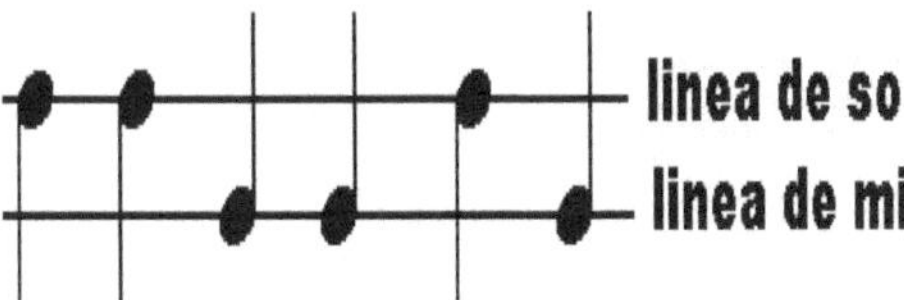

A medida que se incorporan notas, se agregan líneas hasta completar el Pentagrama. Kodály utiliza el pentagrama portátil, empleando la nota viajera, es decir, cada estudiante posee su propio pentagrama, además de una nota (representada con un botón o hecha de cartulina u otro material) se irá desplazando por el pentagrama de acuerdo a la melodía que el maestro o un estudiante dicte para el caso.

En la metodología Kodály el sonido Sol se llama So para que así todos los nombres de las notas terminen en vocal. A su vez, el sonido de Si, se transforma en Ti para eliminar la igualdad entre las letras que indican el V y VII grados (Sol, SI); (So, Ti). Esto, debido a que sólo se usará la primera letra de cada nota, lo cual evitará confusiones. De donde las notas en su escritura completa son:

Do – Re – Mi – Fa – Sol – La – Ti.
El orden gradual en que van apareciendo los sonidos es:
So – Mi - La – Do – Re – La, - Do' – So – Fa – Ti – Fi – Ta – Si

Que corresponde a:
SOL – MI – LA – DO – RE – LA, – DO' – SOL – FA – SI – FA# - SI – SOL#.

El Do superior y las notas por encima de él se escriben siempre con un apóstrofe a la derecha y en la parte superior de la sílaba o letra, y las notas por debajo del Do original tienen un apóstrofe a la derecha pero abajo.

Ejemplos: d – s, - d – t, - d
d – d' - r' – t – d'

Alteraciones

Las notas alteradas con sostenido cambian la vocal de su nombre por la letra "i" así: DO Sostenido será DI; RE Sostenido será RI; MI queda igual; FA Sostenido será FI; SO Sostenido será SI; LA Sostenido será LI; TI queda igual.

Las notas alteradas con Bemol cambian la vocal de su nombre por la letra "a", exceptuando el FA y el LA puesto que al terminar el natural en "a", el Bemol lo hace en "o" (LO y FO). Entonces tenemos: DO Bemol será: DA; TI Bemol será: TA; LA Bemol será: LO; SO Bemol será: SA que es enarmónico con FI (FA Sostenido); FA Bemol será: FO que es enarmónico con MI; MI Bemol será: MA; RE Bemol será: RA.

La Escala Cromática, ascendente y descendente, y escrita en el solfeo relativo, según los principios mencionados, es como sigue:

Ascendente: DO – di – RE – ri – MI – FA – fi – SO – si – LA – li – TI – DO
Descendente: DO – TI – TA- LA – lo – SO – fi – FA – MI – ma – RE – ra – DO

Es fundamental en este método, el sistema de solmización relativa o del DO MOVIBLE, consistente en que cualquier nota, sea cual fuere su altura, se llamará SO, para llegar al intervalo que originará más tarde la Escala Pentatónica que se llamará siempre SO – MI (Tercera Menor). El hecho de que cualquier sonido puede ser SO tiene la ventaja de que se adapta al registro vocal del niño.

Los nombres de las notas también podrán ser reemplazadas por los números correspondientes de acuerdo con el orden que los sonidos tienen dentro de la Escala de DO, o sea: DO – RE – MI – FA – SO – LA – TI
(1)   (2)   (3)   (4)   (5)   (6)   (7)

Conocimiento del Solfeo Relativo, así:
SO – MI – LA – DO – RE – LA, - DO' – SO, - FA – TI – FI – TA – SI.

Escalas de 7 grados con tónicas DO y LA (modos Mayores y Menores)

Intervalos perfectos; Intervalos Mayores y Menores; Modulaciones basadas en el Solfeo; Transición al uso de letras (sonidos absolutos); Clave de SOL en segunda línea; Escalas menores; Intervalos aumentados y disminuidos; Clave de FA en cuarta línea; Triadas disminuidas y aumentadas; Inversiones de los acordes; Respuestas tonales y reales; Claves de DO; Acordes de séptima en posición fundamental e invertida. Este orden puede quedar a criterio de la escuela y del maestro.

Integración Rítmico – Melódica

A pesar que se han mencionado los aspectos rítmicos y melódicos en forma independiente, se debe dejar en claro que estos se integran durante el proceso enseñanza-aprendizaje. "Para la enseñanza del solfeo relativo, se comienza por la figuración rítmica, luego se coloca debajo de cada figura la inicial de la nota respectiva (aquella que se cantaba con signos manuales) y se solfea teniendo en cuenta la figuración rítmica y la inicial de la nota. Se debe anotar que nunca se solfea sin entonar.

Esta fase del Solfeo Relativo es imprescindible, asegura exactitud en el ritmo, y aunque no lo aparenta, es más sencilla que la notación tradicional Pentagrama. Otro aspecto importante es que debe emplearse frecuentemente el dictado musical".

Aspectos de expresión

En general, los recursos expresivos en el método Kodály se presentan constantemente en la interiorización, por parte de los estudiantes, de los ejercicios tanto rítmicos como melódicos, utilizando elementos corporales como: **Las manos**; en la señalización de las notas, altura, nombre de las notas y las palmadas. **Los pies**; En el caminar y el marchar, correr, saltar, taconeo, etc. Ejemplo: SOL y MI son dos sonidos de diferente altura. Se procede a indicar al niño que el más agudo se llama SOL y el más grave se llama MI. Se repite muchas veces teniendo en cuenta siempre el concepto de altura relativa.

Aspectos vocales e instrumentales:

El método Kodály se centra en el canto, es decir, en el más importante de todos los medios de expresión musical. El niño a través del canto adquiere los mejores elementos para captar y apreciar la música. Así mismo, la complejidad de la música instrumental puede simplificarse a través del canto de sistemas rítmico-melódicos. Kodály consideró la voz humana como el instrumento más accesible al hombre y el canto como el mejor método para aprender a apreciar la música. Toda música debe referirse al canto. En las interpretaciones de cualquier tipo de orquesta, los instrumentos de cuerda y de viento no hacen otra cosa que imitar el canto (Cantabile). Al analizar el material empleado en la clase de canto debe darse gran importancia al Solfeo Relativo, que constituye el fundamento y base para el estudio de cualquier instrumento.

Instrumentales:

El canto en los cursos iniciales o preparatorios de música, es y debe ser obligatorio, sobretodo, para aquellos que quieran aprender a ejecutar un instrumento. Las canciones que allí se aprenden constituyen un primer paso en ese aprendizaje. Todo lo que el estudiante aprende cantando, con el texto de la canción, sílabas del Solfeo o nombres alfabéticos, se incorpora a los primeros pasos del estudio instrumental. Kodály tuvo presente estos aspectos cuando escribió las veinticuatro pequeñas canciones sobre las teclas negras del piano, puesto que precisamente son dichas teclas las que tienen la llamada Escala pentatónica y por lo tanto, resultaban sus intervalos muy familiares a su lengua de canciones maternas.

Recursos y repertorio

La metodología Kodály emplea una rica gama de recursos, sobre todo, en la parte formativa y en el aprendizaje de las bases fundamentales de la socialización relativa. Entre estos se mencionan: Tarjetas de aplicación del método, Tablero, Papelógrafo, Instrumentos de percusión de sonido indefinido (pandero, pandereta, claves, flauta, maracas, etc.), Instrumentos de percusión de sonido definido (xilófono, timbales, etc.)Instrumentos melódicos en general.

4. El Método Kodály en el Jardín Infantil (Pre-Escolar – Kinder)

El Objetivo General del método Kodály en el jardín Infantil es despertar el interés por la música y en especial por el canto. Y el objetivo específico es desarrollar habilidades naturales en los estudiantes para la música y el canto mediante ejercicios elementales de imitación de sonidos a través de juegos y canciones. El Aprendizaje Imitativo de la música siempre ha existido con la naturaleza y con el hombre al descubrirla la utilizó primitivamente más como un medio de comunicación que de recreación. Al superar esta etapa la música se convierte en el medio de expresión de los sentimientos y estados de ánimo del ser humano.

Es necesario recordar que los primeros contactos de los recién nacidos con el mundo, se adquieren por medio de sensaciones y es la experiencia auditiva la primera en darle muestras de todo lo que los rodea. En el proceso de crecimiento, las experiencias sonoras captan la mayor atención, y es por esto, que se debe dar una orientación adecuada resaltando aquello que más le agrada. El niño en la edad pre-escolar se encuentra en su etapa de mayor curiosidad, y sobre todo, en su etapa lúdica. Es en este momento y específicamente entre los 3 y 6 años de edad, cuando el niño se encuentra en su máximo nivel de capacidad y aprendizaje, por esto, es de vital importancia proporcionarle estímulos de calidad, para lograr su desarrollo sensitivo.

Las actividades que el maestro debe realizar, se deben basar en el movimiento y en el juego, de tal forma que el niño se convierta en creador e intérprete de la música en forma activa, puesto que es la manera más sencilla de manifestarse.

Entre las actividades que se pueden realizar en el Jardín está la discriminación de ruidos, sonidos, voces y canciones, con estas experiencias se puede lograr el desarrollo de la sensación auditiva sin pretender conceptualizar.

Los ruidos con mayor posibilidad de producción por parte del maestro en el aula pueden ser: Golpes de tacón, Palmadas, Chasqueo de dedos, Golpes en la mesa o tablero, Instrumentos de percusión de sonido indeterminado (tambor, bombo, pandereta y claves. Se hace referencia a ruidos callejeros (motores, carretas), Ruidos grabados (cintas, discos, explosiones, traqueteos, etc.) Es importante que el maestro realice algunas actividades musicales con instrumentos musicales como piano, guitarra, violín, trompeta, flauta, etc. y con sonidos musicales producidos por la voz.

Se sugiere cantar o ritmar con nombres o palabras de diferente número de silabas con o sin entonación, teniendo en cuenta siempre la acentuación natural del idioma; proponer Juegos rítmicos con movimiento y también Juegos de eco e imitación. De acuerdo a las posibilidades se pueden realizar los ejercicios utilizando instrumentos sencillos de percusión como panderos, panderetas, tambores, bombos, maracas, claves, cajas, etc. Interesante experiencia para el maestro sería la construcción de alguno de los instrumentos mencionados.

Con los movimientos de ritmos básicos se puede observar que el objetivo es responder al ritmo que se quiere representar y cada paso deberá coincidir con la sílaba de la palabra hablada y con el ritmo que se percute: Caminar, trotar, correr ágilmente, saltar y valsear, normal y lento.

Es necesario y elemental la discriminación de sonidos: Altos – Medios – Cortos y Largos. No sonidos, silencio. En este sentido el maestro debe tener como objetivo que sus estudiantes diferencien la altura de los sonidos, mínimo dos, que se ponen como ejemplo; igualmente, se pretende diferenciar la duración de los sonidos que se dan. De la misma manera, el educador hace notar la ausencia de sonidos en algunos pasajes, o sea, lo que corresponde al silencio musical.

La altura de los sonidos está referida a la diferencia en la entonación. Para realizar la discriminación de altura, es necesario tener, mínimo dos sonidos: uno de ellos será agudo y el otro será grave en relación al anterior.

La duración de los sonidos se define como el tiempo que demora o tarda, desde el momento en que se produce, hasta el momento en que se extingue.

Esta duración determina lo que se llama el ritmo, que consiste en una serie alternada de sonidos y silencios de igual o diferente duración. Con referencia a la duración tanto de sonidos como de no sonidos (silencios), estos pueden ser largos o cortos.

En las actividades para la Altura se hace el Intervalo de tercera menor, descendente y ascendente

El aprendizaje de canciones, por una parte, es un resultado efectivo de todos los ejercicios que se proponen, puesto que en ellas por una parte se aplica todo el aspecto conceptual. Por otra parte, es mediante las canciones que se logra la educación de la voz en forma gradual de acuerdo con la evolución mental del estudiante, así mismo, se logra hablar y cantar en voz natural. Es por medio del canto que el estudiante va a conocer su voz, a ejercitarla y a cuidarla.

Respecto a las Canciones el maestro debe lograr una adecuada selección de las canciones con el objeto de que los estudiantes eduquen su voz, así se desarrolla el órgano vocal y el resultado será el canto con seguridad y desenvoltura. Para una adecuada selección de las canciones, se recomienda tener en cuenta los siguientes aspectos: el melódico, el rítmico, el armónico y el literario.

En el melódico los intervalos que constituyen la melodía deben ser de fácil entonación Intervalo de tercera menor SO-MI; Intervalo de segunda mayor y después DO-RE, RE-MI; Intervalo de tercera mayor DO-MI; Intervalo de segunda menor MI-FA y después TI-DO.

En el rítmico es necesario iniciar con ritmos formados por negra y dos corcheas. Es importante mencionar que las silabas del texto deben coincidir con el ritmo de la melodía (una silaba por cada nota). Así mismo, recordar que la acentuación prosódico natural de las palabras deben coincidir con el acento musical.

El armónico involucra un acompañamiento de instrumentos, deberá ser muy sencillo y su intensidad no sobrepasará nunca la voz de los estudiantes. El aspecto literario se refiere a que el maestro debe escoger canciones, cuyo texto, sea corto y formado por palabras comprensibles y de fácil pronunciación por los estudiantes y el texto de la canción seleccionada debe proporcionar un mensaje ojala relacionado con los intereses del estudiante. Es apropiado que se trabaje al menos tres horas semanales con los estudiantes

5. El Método Kodály en el primer grado escolar

El objetivo general en el primer grado escolar es contribuir a la formación de la sensibilidad estética del estudiante, a través de la música y como objetivo específico el aprendizaje de los aspectos musicales de pulso, velocidad, doble velocidad y los sonidos SOL-MI y DO.

Es decir, las actividades durante el primer grado deben ser rítmico-melódicas, luego de algún tiempo de haberlas trabajado independientemente, durante este primer grado se puede lograr un mejor desarrollo psíquico-motriz. Es necesario la utilización de los signos manuales, para los sonidos SO-MI.

Para el desarrollo de los aspectos Rítmicos los estudiantes deben conocer algunas canciones infantiles con buen ritmo; las mejores, son las que cantan jugando, caminando, bailando, marchando, palmeando o imitando un movimiento de trabajo.

Es en este nivel de educación que se debe fijar el valor de la "corchea" por la figura de la "negra" y las fórmulas rítmicas con silencio. Para enseñarlo, se emplea la letra "z" y se escribe con el respectivo signo convencional. La variedad de estos ejercicios crea un mejor ambiente en el aprendizaje.

Entre los aspectos melódicos se aprovecha que los estudiantes conocen algunas canciones infantiles y se les puede empezar a hacer sentir la altura del sonido. Se enseñan los cantos por oído al igual que el ritmo. Estos elementos de altura y la asociación de la palabra con la melodía, se deben enseñar con gran cuidado y en paso muy lento.

Los signos manuales se realizan en consideración a que todas las escalas mayores suenan de igual forma y sus grados pueden ser designados con el nombre de las notas musicales:

DO,   RE,   MI,   FA,   SOL,   LA,   SI

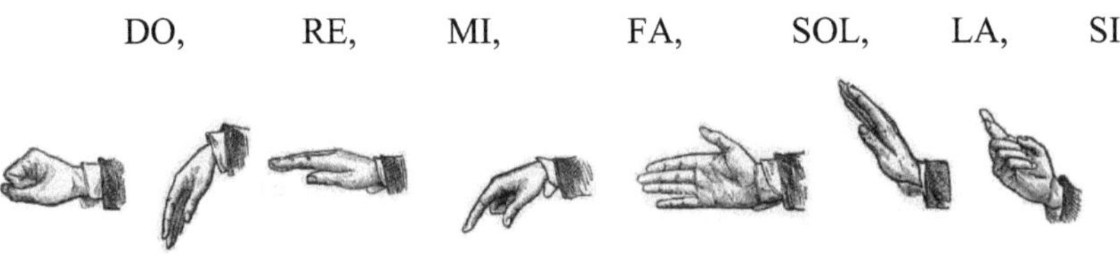

Para dar a conocer los dos primeros sonidos, se elige una canción infantil que tenga un motivo que se mueva entre los sonidos SO y MI. (Se emplea con mucho provecho el xilófono). Inicialmente, se prepara el pentagrama con tres líneas, y en el tablero se escriben los nombres de los sonidos siempre con dos. Se profundizan más los esquemas melódicos para lograr una mayor coordinación entre los signos, los sonidos y el movimiento de la mano. De la escritura en señal manual (fononímia), los estudiantes muestran el respectivo sonido correspondiente.

Aquí en este grado escolar se encuentra un nuevo sonido desconocido, DO. Se ofrecen los siguientes momentos del aprendizaje de las canciones: con texto, con silabas, con vocal y con fononimia

A partir del segundo grado no se utiliza la vocal de cada nota, o sea DO-MI-SO, será D-M-S. Se prepara el pentagrama con cuatro líneas y se escriben las notas en dos posiciones. (Solfeo Relativo). Se debe trabajar en igual forma el intervalo SO-DO y se sugieren dos (2) horas semanales de clase, durante todo el año escolar.

6. El método Kodály en el segundo grado escolar

El objetivo general en el segundo grado escolar del método Kodály es insistir en la formación integral del estudiante a través de la estética musical. Además de que los estudiantes aprendan los aspectos musicales: doble lentitud (Figura blanca) y los sonidos RE – LA' – DO – DO' – LA – SOL. Las actividades que se realizan al iniciar el año escolar consisten en repetir los cantos conocidos y aprendidos en el primer grado, destacando los aspectos musicales; los elementos melódicos y rítmicos, que junto con aquellos, se han enseñado.

Entre los aspectos rítmicos que se enseñan en este grado es señalar juntos el ritmo y la melodía. Después de la enseñanza de los valores de duración de la "negra" de la "corchea" y del "silencio de negra" se identifica la figura de dos valores: la "blanca", la figura "negra" sirve también en adelante como unidad. La "blanca" vale dos "negras". Se avanza progresivamente de acuerdo a la aceptación de los estudiantes. Una práctica agradable y que dará buenos resultados es el "diálogo rítmico, se puede con cada grupo hace sonar su fórmula; y a este juego se le llama "ópera infantil".

En los aspectos melódicos la enseñanza de los cantos por oído es el trabajo más importante en este grado. Se cantan principalmente las canciones infantiles y también las folklóricas, la amplitud de estas canciones no debe pasar de ocho sonidos. Una vez se practican estos ejercicios con ritmos y melodía, el siguiente paso consiste en describirlos gráficamente.

Para los ejercicios se usan las canciones del primer grado que tienen los sonidos S-M (sol-mi) y S-M-D (sol- mi do), se anotan en el tablero luego en el cuaderno y más tarde se canta esa anotación con el ritmo y la melodía. El DO se debe escribir entre las líneas y también sobre las mismas. Se presentan nuevos motivos musicales.

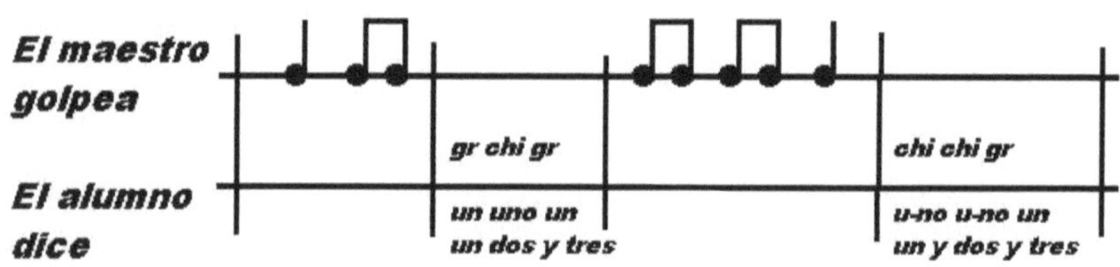

Abreviaturas: gr = gran, Chi = chiqui.

La figura "negra" sirve también en adelante como unidad. La "blanca" vale dos "negras"; entonces su nombre, es por ahora, "doble". Gran + gran = doble.

Para despertar la sensibilidad de la figura "doble". Para eso se puede utilizar la siguiente canción:

Panadero panadero

Como ejemplo, se canta la siguiente canción:

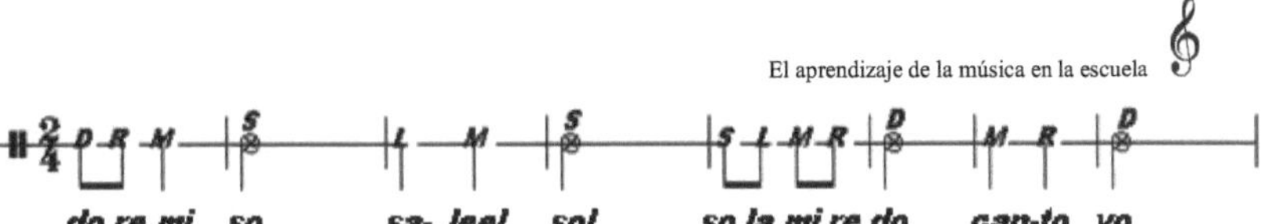

Para que el "doble" sea perceptible, se canta así: SO-O, SO-OL, DO-O: con dos "negras" como unidades. Cuando los estudiantes puedan cantar el motivo, se fijan las figuras. Se explica que no sólo papá (negra), y dos estudiantes (dos corcheas) existen en la familia, sino también un abuelo (blanca) que tiene doble edad y camina más lento que el papá, por eso esa figura se llama "doble" y para señal se escribe así: ($\flat$) Si la figura "negra" se llama "ta" entonces la "blanca" se llamará "ta-a". Este nuevo valor se asegura con variados ejercicios. Ejemplo:

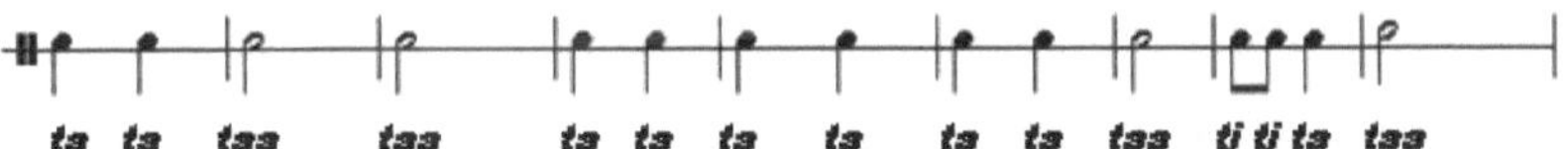

Se avanza progresivamente de acuerdo a la aceptación de los estudiantes. Una práctica agradable y que dará buenos resultados es el "diálogo rítmico". En un principio el maestro hace sonar la fórmula y los estudiantes la imitan. Después sigue un grupo y por fin un estudiante reemplaza al maestro:

Cada grupo hace sonar su fórmula; y a este juego se le llama "ópera infantil".

Hay que cambiar el papel de los grupos y variar los motivos. Ejemplo:

1. El eco: El primer grupo lo hace fuerte y segundo suave.
2. La orquesta: Todo se puede realizar con instrumentos.
3. El canto de Babel: Cada grupo "según su lengua". Uno canta con ta titi ta-a, otro con gran chiqui doble, etc.

De la misma forma, el siguiente ejemplo:

El ritmo es muy tranquilo al principio luego es más movido.
Primero:

Luego:

Con texto:

Luego, sin hablar; cada uno sabe de qué se trata, cuando golpea en este ritmo. Con estos ejercicios se termina lo correspondiente a la parte rítmica del segundo grado. Estos juegos rítmicos ofrecen, no solamente, mucha vivacidad y alegría, sino preparación en fundamentos y facilidad en el trabajo de los próximos años.

Los ejercicios de fononimia se ejecutan variados y con dos manos. Se crean dos grupos, el grupo uno lee la mano derecha y el dos la mano izquierda del maestro y cantan alternadamente. Teniendo claro que los estudiantes ya conocen los sonidos S, M, D. se puede continuar con el sonido LA, que aparece tan frecuentemente en las canciones infantiles. Se puede hacer más perceptible el nuevo sonido, tocando algunas veces los sonidos a S-L-S-M.

Los estudiantes cantan el nuevo sonido observando la fononímia del LA dada por el maestro. La escala se enriquece con un nuevo sonido que es el RE. Con este sonido se llega a la nueva escala Pentatónica, se llama así, porque está construida por cinco sonidos, dentro de la octava. (DO, RE, MI, SOL, LA).

Para conocer el sonido RE, se escoge una canción infantil la cual tiene un motivo que contiene el RE en la melodía, preferiblemente, el RE debe venir de MI y no de DO para que sea más fácil la entonación. Se combina el sonido RE con los sonidos conocidos D-M-S-L; para la práctica sirven los dibujos y el tablero.

Se elige un motivo de una canción infantil, en donde el RE venga después del DO; se señala la melodía con la fononímia; se fija la melodía con la notación transitoria y se practica el RE en fórmulas diferentes:

Al principio se cantan las fórmulas melódicas sin ritmo, luego, se juntan melodía y ritmo; también se puede cantar la melodía con otro ritmo.

El siguiente trabajo melódico consiste en la entonación de melodías entre DO y DO' (distancia de una octava). Sirven de preparación al estudiante para cantar bien el modo Mayor.

El maestro debe emplear todos los elementos que estén a su alcance pero en especial, debe hacer uso del tablero y los estudiantes de sus cuadernos y lápices. Es un magnífico auxiliar en este capítulo, el uso de las tarjetas de aplicación del método, los cuales se elaboran con las notas conocidas hasta el momento a manera de carteles y que facilita el juego y la composición. Se deben utilizar instrumentos melódicos como la flauta o la guitarra, pero en especial, el xilófono o sistros. En cuanto a los instrumentos de percusión, deberán usarse panderos, panderetas, tambores, etc. La intensidad horaria para educación musical exige al menos de dos (2) horas semanales durante todo el año escolar.

7. El Método Kodály en el tercer grado escolar

En el tercer grado escolar el objetivo general es reiterar la importancia de la formación integral de los estudiantes a través de la educación estético-musical. Y el Objetivo Específico es el aprendizaje de los sonidos DO' – TI (do-si); las escalas de DO, SO, LA, RE y el pentagrama. Dentro de las actividades que se proponen estas se asocian al desarrollo rítmico y al melódico y la preparación de las fórmulas se logra por medio de las canciones conocidas. De esta forma, se pueden dirigir ejercicios rítmicos más largos y también realizaciones a dos voces. En resumen los estudiantes pueden identificar elementos musicales como el FA, el TI, (fa-si) el juego de adivinar, el Do' y el Do, el intervalo S-D' sol-do (agudo), las escalas de Do, So, La, Re y el pentagrama.

En los aspectos rítmicos se fortalece la repetición de los contenidos de primero y segundo grados. Este es el momento propicio para complementar y corregir las fallas en el ritmo. Se usan nuevamente los medios del ritmo: caminar, palmear, golpear, ritmar con pie, con talón (sentado); los instrumentos infantiles como gong, platillos, tambor, campanilla, campanita, triángulo, castañuelas, xilófono. Con este último instrumento se puede hacer sensible el tono. Con los demás instrumentos se tocan las fórmulas rítmicas.

Los ejercicios rítmicos se usan en cada clase durante el primer momento. Se preparan las fórmulas según las canciones conocidas, o según las que en el mismo año se van a aprender; se dictan y se hacen imitar, conocer y escribir. Además se procura hacer leer más fácil las fórmulas rítmicas a primera vista: con pasos, palmoteando, golpeando o con ta- ta o ti-ti. Todavía no se le da mucha importancia al pentagrama. El silencio de blanca, por ahora, se señala con 2 negras; Z Z. Más tarde se escribe el de blanca se practica el diálogo rítmico.

La división del trabajo dirigido se hace de tres formas: Dictar el ritmo. Dictar la melodía, Dictar juntos el ritmo y la melodía. Los ejercicios rítmicos "a dos voces" ya no son sólo diálogo, sino que los dos grupos tienen un ritmo independiente. Es necesario cambiar los dos grupos a dos voces. Para el segundo semestre académico de este grado los estudiantes deben conocer el pentagrama, así que se enseña la parte de la melodía, pero los ejercicios rítmicos todavía están escritos en una línea, como se usa para la notación del ritmo del tambor.

En los aspectos melódicos, se debe considerar que el estudiante en el tercer grado identifica cerca de cuarenta canciones pero puede llegar hasta setenta. Además de las canciones infantiles, se le pueden añadir también canciones folklóricas y más juegos musicales. En este grado se canta por cantar con la finalidad de despertar el gusto por lo artístico y lo estético. La enseñanza de los cantos a oído, todavía, es el trabajo más importante. Paralelamente, se practican los ejercicios rítmicos, nuevos motivos musicales, ejercicios para el oído y ejercicios preparatorios para cantar a dos y tres voces. El trabajo en el tercer grado, es el siguiente: 1.Cantos de oído. 2. Instrumentación rítmica. 3. Sentir y practicar nuevos sonidos. 4. Preparación para cantar a dos voces. 5. Identificar el pentagrama y la notación.

Se practican en este grado los elementos musicales adquiridos en los anteriores grados, como la relación de D-R-M-S-L-L (do-re-mi-sol-la-la), con base en la notación actual se cantan esas relaciones para vincular elementos como son: nombre de las notas, lectura rítmica y finalmente lectura rítmico-melódica con la respectiva entonación.

El nuevo sonido es FA y la práctica de muchas canciones con este sonido la da a conocer. Es importante explicar la cercanía que hay entre MI y FA por medio de varios ejemplos. Esta pequeña distancia entre MI y FA se le llama Semitono.

Después de haber fijado el sonido FA, se practica su relación con los demás sonidos conocidos y con la fononímia, los estudiantes cantan los ejercicios escritos en el tablero, se profundizan los enlaces y escriben en el cuaderno o en el tablero, así se practican los ejemplos con melodías y ritmos.

Así mismo, se da paso a la enseñanza de algunas canciones con la notación hasta ahora usada. Se prosigue con la labor de hacer conocer el sonido DO agudo: DO'. En las canciones infantiles se encuentra en relación con el SO, (sol) como un intervalo de cuarta, este nuevo sonido es igual al toque del clarín de los soldados y su distancia es de una cuarta a partir del SO, (sol) o sea: S – D' (sol-do agudo). Se busca el lugar de este nuevo sonido en el xilófono.

Los dos DO se tocan en un instrumento, solos o juntos. Así será evidente que los dos DO y su señal manual son iguales. La relación entre DO y DO' se llama octava. Es importante no escribir motivos de mayor extensión que una octava. El siguiente paso es dictar ejemplos con el mismo método que se usó anteriormente. En la escala de la extensión de DO-DO' falta todavía un sonido: el TI (si). En el sonido TI se emplea este nombre para evitar que una equivocación más adelante en la utilización de las alteraciones: SO (sol) con sostenido es SI (sol sostenido sol #).

De esta forma, se practica la relación del TI con los demás sonidos, de la misma forma que se ha hecho anteriormente. Con el conocimiento del TI, se completa la escala entera de DO-DO' y la meta será cantar con entonación exacta todos los intervalos. Los estudiantes cantan a oído algunos cantos que terminan en RE, que es el último sonido que se enseña en este grado, así: el nuevo sonido tiene el mismo nombre y la misma señal manual que en su octava inferior, para diferenciarlo lo señalamos con una coma, así: RE'

En el segundo semestre se enseña a los estudiantes el pentagrama y su importancia; Y la escritura de algunos sonidos en el pentagrama.

Las formulas rítmicas van cambiando y esto lo observan los estudiantes a través de las señales manuales que este asocia con el nombre de las notas musicales. Esto permite que se profundice la unión por medio del canto, con las letras iniciales del solfeo. Es necesaria la interiorización de estos trabajos parciales, porque cada uno de sus momentos tiene que unirse con los demás en el canto a primera vista. Si el estudiante conoce el lugar del DO, identifica también el de los demás. A continuación también se practica la orientación en el pentagrama. En los ejercicios se emplean muchas formas como: "La nota volante", el maestro pega en la punta de un bastón la cabeza de una nota negra." La punta volante", con este instrumento puede señalar la posición de cualquier nota en el pentagrama. También cambiar el sitio de la clave

Para el aprendizaje de canciones se emplean los mismos conceptos sugeridos en la unidad dos. Entre los recursos el maestro cuenta con el tablero También los estudiantes deben usar con frecuencia los cuadernos para lograr mayor claridad en los ejercicios realizados. El cuaderno y el uso de las tarjetas de aplicación del método, facilita el aprendizaje porque se ejercitan los estudiantes en los aspectos rítmicos-melódicos a través de ellas con los ejercicios propuestos por el maestro haciendo el trabajo agradable y motivador.

La utilización de los instrumentos musicales que se han utilizado en los otros grados, también se usan en el grado tercero. Es necesario al menos dos (2) horas semanales de clase, durante el año escolar.

8. El método Kodály en el cuarto grado escolar

En el grado cuarto el objetivo general del método Kodály es reforzar los conocimientos adquiridos en los grados anteriores con el fin de presentar nuevos elementos que contribuyan, cada vez más, a la formación integral de los estudiantes. Entre los objetivos específicos se encuentra el lograr que diferencien algunos intervalos, que identifiquen nuevos compases, la nota redonda, la síncopa y que canten a dos voces, tanto rítmica, como melódicamente. Las actividades deben enfocarse en el acompañamiento temporal del ritmo; las notas en el compás; el ritmar con la mano; el compás binario; síncopa; las diferentes señales; el compás de 4/4; la redonda; ejercicios rítmicos a dos voces; ritmo con puntillo; también se profundizan el intervalo de quinta; el paso de segunda menor; las notas de quinta y de cuarta; motivos melódicos se toman enteros; intervalo de DO-DO'; línea adicional; las llaves y las alteraciones; cantar a primera vista y cantar a dos voces.

Los aspectos rítmicos retoman ejercicios de los grados anteriores; caminando, palmoteando, golpeando, etc. Así se hace entender el ritmo en forma práctica. En este nivel los niños ya conocen el "silencio". Que ilustran en el papel como (Z). Se empieza también con la síncopa que es la nota emitida en un tiempo débil y continuada en un fuerte para cantarla, los estudiantes no tienen ninguna dificultad, pero todavía no se la puede hacer consciente en ellos.

Los cantos serán en compases de 2/4. Ahora ya se pueden aclarar las señales de barra de repetición, el calderón, el silencio de corchea y el de blanca

Se recomienda empezar con el compás de cuatro negras. Por el ritmo de cuatro, se llega al valor musical de "redonda". Se les muestra que que el número delante del compás 2/4 indica que el compás toma lugar de dos negras y en 4/4, cuatro negras y así se identifica que: La redonda vale cuatro valores, su figura es: La blanca que tiene dos valores; su figura es: La negra tiene un valor; y la corchea tiene medio valor; en este grado se enseña el ritmo con puntillo.

Es necesario repasar los elementos melódicos conocidos para avanzar. Especialmente en las combinaciones melódicas de D-M-S (do-mi-sol) y también de LA y RE, se ponen estos sonidos en sus respectivos lugares del pentagrama. Se siente el sonido "L" (la) al lado del "S" (sol) muchas canciones comienzan así. Se hace entonar con precisión el intervalo de LA-MI. Ahora se procede con la nota musical RE. Se buscan ejemplos para las variaciones conocidas. El FA no se descuida, se coloca en su lugar y se practican sus relaciones con los demás sonidos

En este grado se profundiza la relación entre los sonidos de FA-RE con variados ejemplos. A continuación es necesario mostrar el paso de segunda menor hacia abajo. Es necesario mover la clave de DO. Una vez se practican las relaciones entre los sonidos de S-M-D-L-R-F se ubican las notas de los demás sonidos en el pentagrama. Los estudiantes deben cantar las octavas de DO-DO' y de DO'-DO cuya entonación exacta es más fácil y sirve de práctica para cantar suave y también para aprender a falsetear, o sea, la voz más aguda que la natural.

Cuanto más amplio sea el conocimiento de las notas, más se pueden ir enseñando canciones a primera vista. Con los libros de canto los estudiantes encuentran la clave de SOL: Y la conocida clave de Do: . También ven los signos de alteraciones: # y b (Sostenido y bemol)

Aquí en este grado también se canta a dos voces pero teniendo las dos voces en movimiento. Se practica por medio de las señales manuales y también por notas escritas. Es aconsejable salir de la misma nota de DO.

El aprendizaje de canciones se hace siguiendo las sugerencias realizadas anteriormente, involucrando los elementos teóricos desarrollados en los grados anteriores. Es muy importante que el maestro cuide de la buena afinación y entonación de las canciones, así como del ritmo de las mismas.

Entre los recursos el tablero sigue siendo el principal, las carteleras ilustrativas de los aspectos tratados y audiovisuales que contenga estas temáticas. Los estudiantes usarán con frecuencia sus cuadernos y a partir de este grado podrá usarse papel pautado, o sea, con pentagramas. Las tarjetas de aplicación del método se continúan utilizando en este grado (ver anexo), pero en forma eventual y preferiblemente elaboradas por los mismos estudiantes. También pueden usarse grabaciones de canciones infantiles para hacer más motivadora la clase, además de funcional y provechosa. Los instrumentos rítmicos y melódicos afianzarán aún más, los conceptos trabajados. Se sugieren dos (2) horas semanales durante el año escolar para desarrollar la propuesta educativa.

9. El Método Kodály en el quinto grado escolar

El objetivo general del Método es contribuir, mediante el ejercicio continuo de los elementos aprendidos, a formar una personalidad estética musical en los niños. El objetivo específico es el aprendizaje de aspectos musicales, tales como: el acento, la síncopa, la semicorchea, las alteraciones, los sonidos F'; S, TA, MA (fa-sol-si bemol- mi bemol).

En este grado, lo concerniente a la parte rítmica, contiene el rimo de tres tiempos, distinto este de los acostumbrados debido a sus tres movimientos periódicos. Se escribe esta nueva fórmula y la manera de dirigirla. Además se presenta la nota "blanca" con puntillo, fórmulas rítmicas más difíciles, el acento musical, síncopa, semicorchea y nuevas fórmulas rítmicas a dos voces. Melódicamente se explica el puntillo, se sigue cambiando de lugar la clave de DO. Se amplían las unidades melódicas procurando cantar a dos voces, alteraciones como la de FA# sostenido ("FI"), el becuadro; el sol# sostenido ("SI"), el TI bemol ("TA"), el MI bemol ("MA"). Esto se practica en variados ejercicios con alteraciones.

Los Aspectos Rítmicos requieren realizar un trabajo consistente en el repaso de los conceptos rítmicos aprendidos anteriormente. En este grado se comienza con el ritmo de tres tiempos, en donde tres negras forman la unidad de un compás. Al llegar a este punto los niños ya deben saber cantar a tres tiempos.

Se escribe la nueva fórmula rítmica. Mediante barras se separan las unidades de tres figuras. Se buscan textos para estos compases de tres tiempos. Cantar, leer y escribir teniendo en cuenta el darle el acento a la primera nota; para este ejercicio es muy práctico un instrumento de percusión. Ahora, se muestra el valor musical de la blanca con puntillo. Fácilmente los niños comprenden que esta nota consta de una blanca y un negra. También es necesario practicar canciones que traigan ritmos alternos de 2/4 y 3/4. Se menciona que el acento musical cae siempre sobre la primera sílaba del compás.

Es importante practicar canciones que traen ritmos alternos de 2/4 y 3/4.

Se menciona que el acento musical cae siempre sobre la primera sílaba del compás.

Se aclara que las negras al igual que las corcheas pueden tener un valor básico o sea:

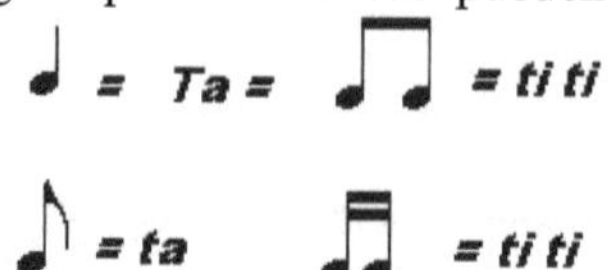

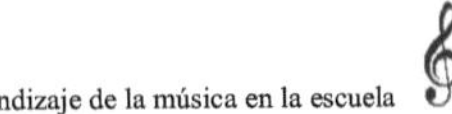

Es necesario explicar la función que tienen tanto el numerador como el denominador de las fracciones indicadoras de compás: El denominador A, indica que cada tiempo vale una ♩ = Ta. Y el numerador indica que el compás lo completan 2 ó 3 ó 4 de esas

♩ = ta o sus equivalentes.

El numerador determina el número de pasos, golpes o palmadas de un compás. Por ahora, la negra era la unidad básica y se señala con el número 4; pero ahora se presenta el denominador 8; este 8 es la señal de corchea, que es la mitad de la negra, entonces en este caso se toma la corchea como una foto disminuida de tamaño.

3/4 ⟶ 3/8 , o sea, lo mismo reducido a la mitad.

Ejemplo:

A la mamá

Se practican los ejercicios a dos voces:

Ya se conoce la forma 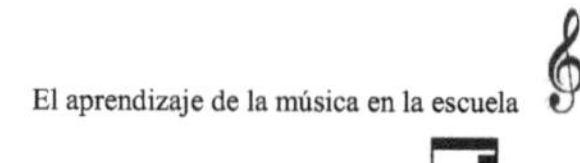 pero también se debe aprender Se ve que también se trata de un proceso de disminución. Para un mejor entendimiento se

pronuncia así: 

Se buscan ejemplos de cantos conocidos

La síncopa 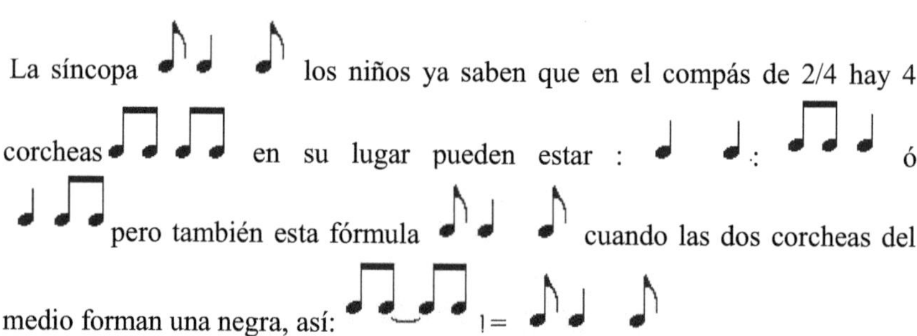 los niños ya saben que en el compás de 2/4 hay 4 corcheas en su lugar pueden estar : ó pero también esta fórmula cuando las dos corcheas del medio forman una negra, así: =

Se puede pronunciar con su palabra específica:

La palabra síncopa viene del griego sunkope = contracción. Se practica golpeando o leyendo así:

Se buscan palabras aptas para practicar la síncopa:

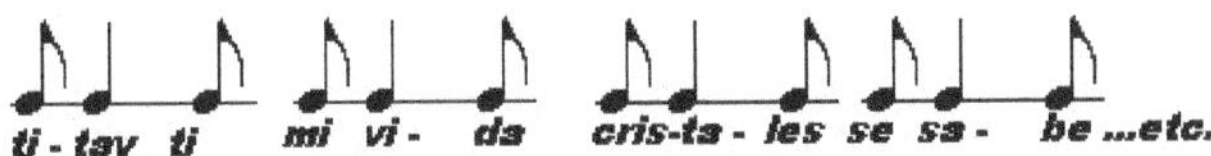

Se practica marchando o palmeando:

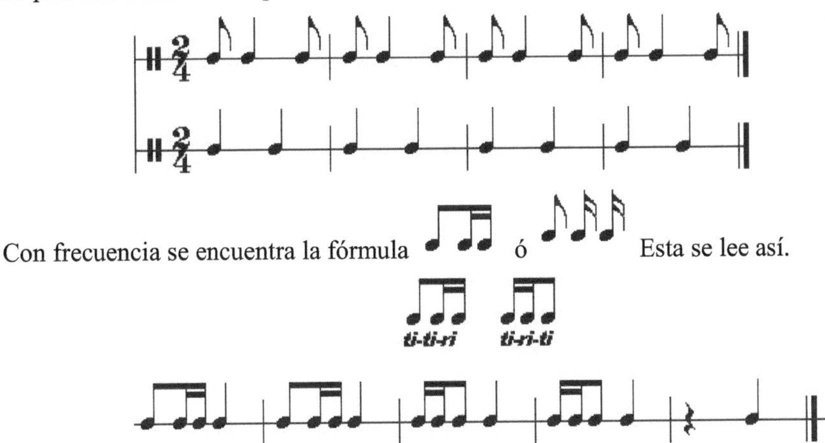

Con frecuencia se encuentra la fórmula ○ ○ ○ ó ○○○ Esta se lee así.

Con las fórmulas más conocidas se aplica la disminución explicada.

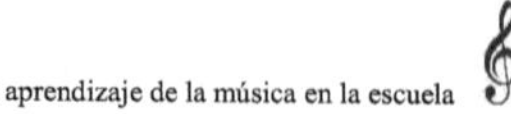

Se examinan aún más las "notas pequeñas" , pero todavía en compás de 2/4.

La división de las semicorcheas se ejercita muy bien en los siguientes ejemplos:

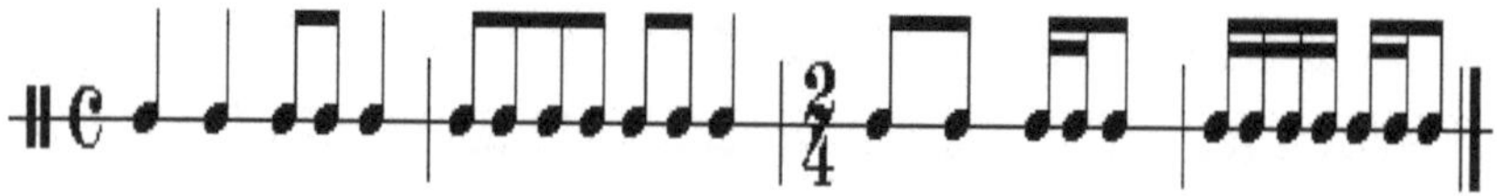

Los valores de las notas en este caso tienen un valor relativo y su ritmo es tranquilo

♩ = 70 – 80

Otros ejemplos:

Se alterna un compás con numerador 2/4 con otro de numerador impar 3/4 en forma variable.

Se eligen algunos cantos que tengan compás de amalgama y se completa la actividad con variados dictados por escrito. Se ejercitan ritmos más complicados a dos voces para que cuando se lleguen a cantar de la misma forma el ritmo no cause dificultad.

(Kodály: Háry Janos Intermezzo)

Compases amalgamados:

Es necesario explicar la función que tienen tanto el numerador como el denominador de las fracciones indicadoras de compás: El denominador indica que cada tiempo vale una negra. Y el numerador indica que el compás lo completan 2 ó 3 ó 4 de esas mismas

El numerador determina el número de pasos, golpes o palmadas de un compás. Por ahora, la negra era la unidad básica y se señala con el número 4; pero ahora se presenta el denominador 8; este 8 es la señal de corchea, que es la mitad de la negra, entonces en este caso se toma la corchea como una foto disminuida de tamaño. 3/4 → 3/8, o sea, lo mismo reducido a la mitad.

Se practican los ejercicios a dos voces. La síncopa los niños ya saben que en el compás de 2/4 hay 4 corcheas en su lugar pueden estar ó pero también esta fórmula cuando las dos corcheas del medio forman una negra. La palabra síncopa viene del griego sunkope = contracción. Se buscan palabras aptas para practicar la síncopa. Se practica marchando o palmeando. Con las fórmulas más conocidas se aplica la disminución explicada. Se alterna un compás con numerador 2/4 con otro de numerador impar 3/4 en forma variable.

En los aspectos melódicos se repasa lo practicado en los grados anteriores, especialmente la escala pentatónica y sus intervalos: D-R-M-S-L-D'; L-D-R-M-S-L. Pero ahora se canta a primera vista, y se aprovecha las señales manuales sólo si son necesarias.

En este grado se practica con canciones que lleven puntillo. Se sigue con los ejercicios de cantos a dos voces. Al principio dos estudiantes pueden guiar a los demás haciendo uso de dos pentagramas distintos. Sólo cuando los dos grupos logran cantar bien sus respectivas melodías, podrán cantarlos juntos a dos voces.

Se cambia el lugar de la clave de DO con frecuencia; del mismo modo se practican las figuras de las octavas, se recuerdan las líneas adicionales y se practican con la "nota volante" y con el juego de "colocar notas". Se repite el repertorio de canciones, pero con más exigencias: cantando mejor, con expresión (agógica), con dinámica (piano – fuerte), etc., Se toman nuevas melodías con motivos o ritmos conocidos, también los que tienen silencios de negra y de blanca:

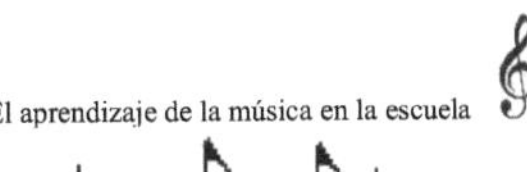

En el grado anterior se estudió el ritmo con puntillo:
En este grado se practica con canciones que lleven puntillo, Ejemplo:

Se Canta y golpean las corcheas

Lo contrario de 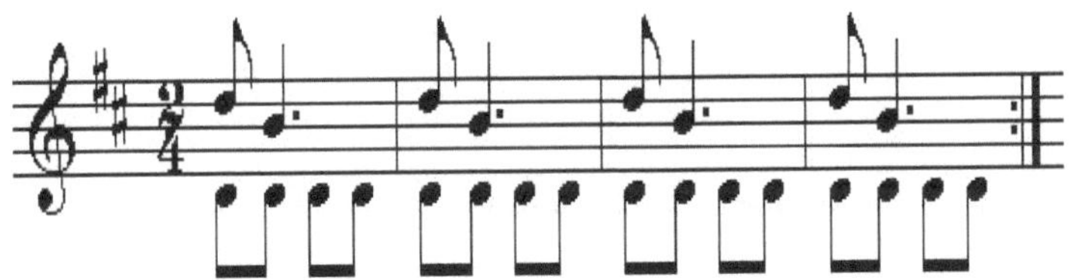 o sea, la fórmula: también se ha hablado de la síncopa; ahora en este grado se practica con algunas canciones.

Una parte de las nuevas canciones se enseña a primera vista, las demás a oído. En lo referente a la clave de Sol es igual a la anterior. Hay que acostumbrar a los estudiantes a ver las notas dentro de las grandes unidades melódicas (motivos). En este grado se puede empezar a hablarles someramente de melismas (adornos musicales), y para ello se cantan dos o más sonidos con el nombre de los notas.

Se sigue con los ejercicios de cantos a dos voces. Al principio dos estudiantes pueden guiar a los demás haciendo uso de dos pentagramas distintos. Sólo cuando los dos grupos logran cantar bien sus respectivas melodías, podrán cantarlos juntos a dos voces.

Naturalmente y de manera progresiva se irán haciendo más difíciles estos cantos. Los cánones alegres en su texto o en la melodía son aptos para acostumbrar a los niños a cantar a dos voces. En este grado se puedes enseñar por oído algunas canciones con alteraciones #; b (sostenido o bemol). De esta forma FI (fa# sostenido) está intermedio entre FA y SO.

Es muy interesante hacer solfear a los niños las canciones pero empezando con distintas notas de esta manera adquieren agilidad en la transposición y capacidad para cantar en cualquier tonalidad. El becuadro destruye el efecto de cualquier alteración que se halle en la misma línea o espacio. Entonces si en el espacio o línea se haya un bemol (b) por efecto del becuadro se regresa a su estado natural. Lo mismo sucede si en la línea o espacio se encuentra un sostenido (#), el efecto del becuadro será el mismo, pues se convertirá a su estado natural. El papel del becuadro es doble o levanta el sonido un semitono, si había bemol (b) o baja un semitono si había un sostenido (#). Ahora los ejercicios a dos voces se pueden cantar con alteraciones.

El aprendizaje imitativo de canciones se hace nuevamente, siguiendo las pautas anteriores. En este grado los estudiantes poseen un conocimiento amplio de todos los elementos musicales, por lo tanto, las canciones que se aprendan pueden escribirse y leerse, aún a primera vista.

Es importante en los recursos la utilización del tablero para la explicación amplia de los nuevos conceptos, y sobre todo para la lectura de los ejercicios y canciones. Las tarjetas de aplicación del método pueden ser útiles en la explicación y ejercitación de los aspectos rítmicos. Se deben utilizar los instrumentos musicales tanto melódicos como de percusión que han servido en los anteriores grados escolares. Igualmente, se pueden usar grabaciones para el aprendizaje de las canciones y melodías. El contenido para este grado requiere una intensidad horaria de dos (2) horas semanales durante todo el año escolar.

10.   Conclusiones

La diversidad musical en Colombia se origina en la fusión de etnias, pueblos y culturas en donde conviven afrodescendientes, indígenas, mestizos y blancos y esto agregado al contrastado paisaje colombiano da como resultado una cultura musical muy propia, enraizada en cada lugar, que permite diferenciar cinco grandes regiones naturales: la Pacífica, la Andina, la Atlántica, los Llanos u Orinoquia y la Amazonía. Estas convergencias generan una cantera inagotable de conocimientos musicales entre cumbias, currulaos, bambucos, joropos, canciones de cuna indígenas, etc, que pueden fortalecerse a través del método Kodály en la escuela con elementos musicales propios de cada entorno cultural del país.

La propuesta formativa que se propone en este libro sobre el Aprendizaje musical en la escuela, retoma los elementos metodológicos y didácticos propuestos por Kodály para ser aplicados a partir de identificar, claro está, las características culturales de una sociedad. Cuando Kodály concibió el método tomó como referencia los ejemplos musicales folklóricos de su país. Este principio es significativo para la experiencia musical en un país de alta diversidad cultural como Colombia donde las expresiones humanas están enriquecidas por costumbres musicales propias, consideración que se tuvo para esta propuesta.

La importancia del sistema metodológico creado por Kodály radica en que pretende, y al final logra, el rescate de los valores musicales nacionales, regionales, auténticamente folklóricos. Gracias a las melodías y canciones bien aprendidas y conocidas por los estudiantes, el maestro puede orientar una educación musical amena y productiva, logrando canalizar esa energía y necesidad de aprendizaje propia de los estudiantes. Puede observarse que el método Kodály tiene posibilidades enormes para aprender la música debido a la facilidad y simplificación de los temas. Aplicando la metodología propuesta se hace más fácil la interiorización tanto de los aspectos rítmicos como melódicos que dan base al aprendizaje de la música en las primeras etapas del niño. Esta metodología permite que el maestro adquiera mayor libertad y se desarrolle la creatividad de los estudiantes y su sentido musical.

11.   Referencias Bibliográficas

Arenas Aguilar Diego M. (2017) El aprendizaje musical en la escuela con el método Kodály. Ed. Fundación Alejandría. Cali-Colombia ISBN 978-958-48-2266-6

Arenas Aguilar Diego M. Casas Rengifo Horacio Chavarro Gerardo. (1987). El Método Kodály en la Educación Primaria. Una Sugerencia de Aplicación en Nuestro Método. Universidad Del Cauca. Popayán, Colombia.

Elliott, D. (1995). Music Matters. Nueva York: Oxford University Press.

Hemsy de Gainza, V. (1977). Fundamentos, materiales y técnicas de la educación musical. Buenos Aires: Ricordi.

Kodály Zoltan (1968). Método Coral Kodály Traducción Antonio Yepes. 50 Canciones Infantiles. Editorial Barry. Buenos Aires, Argentina.

Kodály Zoltan (1968). Método Coral Kodály Traducción Antonio Yepes. 3 Cuadernos De Ejercicios. Editorial Barry Buenos Aires, Argentina.

Neuman Kovensky Victor (2004). La formación del profesorado y los conciertos didácticos. Revista de currículum y formación del profesorado, 8 (1) Universidad de Granada. España

Szonyl Erzsebet (1976). La Educación Musical En Hungría A Través Del Método Kodály Imprenta Franklyn. Budapest.

Zapata Alejandro (2005). El método Kodály y su aplicación en Colombia. Cuad. Músic. Artes Vis. Artes Escén., Bogotá, D.C. (Colombia), 1 (1): 66–95, Pontificia Universidad Javeriana.

Las Tarjetas de Aplicación del Método Musical Kodály.

Las Tarjetas de aplicación del Método Musical Kodály son un recuerdo didáctico muy importante puesto que ayudan en la reiteración de los elementos musicales explicados y sobre todo, mantienen la motivación en los alumnos.

Las tarjetas se deben aplicar en forma paulatina de cuerdo a la dificultad de los conceptos enseñados. Las tarjetas también llamadas fichas se aplican con excelente resultado, sobre todo en los primeros grados de la enseñanza primaria.

Una vez el maestro programe su clase y planifique, procederá a fabricar las tarjetas para lo cual se sugiere el siguiente orden. Se sugiere realizarlas con color negro.

1° Primer grupo de tarjetas.

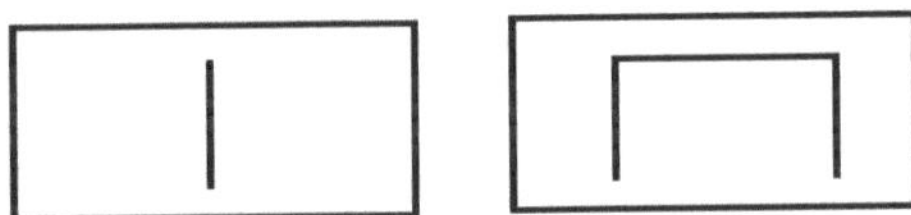

A medida que los alumnos realizan la práctica consistente en que el maestro muestra una por una las tarjetas, los estudiantes deben decir con ta o titi, las figuras que identifican. Luego se aumentan a 4, duplicándolos y quedando finalmente así:

Continuando el ejercicio se alternan a gusto de profesor y los estudiantes realizan la lectura con alegría e interés. Se pueden aumentar las tarjetas para hacer los ejercicios más complicados pero siempre usando las figuras anotadas.

Cuando se domina este aspecto se procede a colocarle la bolita a cada línea quedando la serie así:

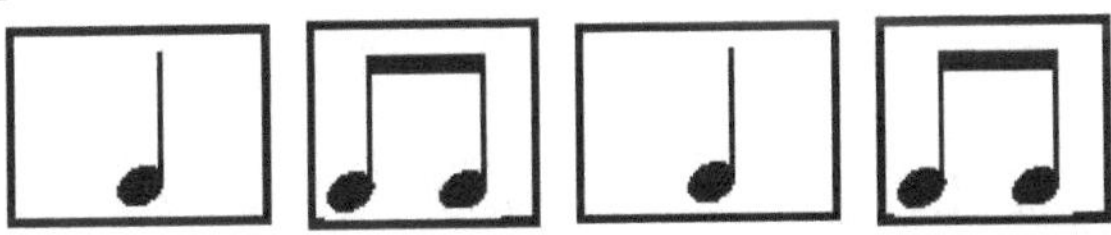

2° Segundo grupo de tarjetas.

Aumentan las posibilidades de notas así:

Se sugiere dibujarlos con color. Así los colores dar vistosidad a las fichas.

3° Tercer grupo de tarjetas.

Se aumenta cada vez más las posibilidades así:

4° Cuarto grupo de tarjetas

Se implementa un nuevo elemento que es el silencio de negra. Se sugiere dibujarlos en color café.

5° Quinto grupo de tarjetas.

Se trata de hacer más complejos los ejercicios con el silencio de negra y se puede hacer en color morado, así:

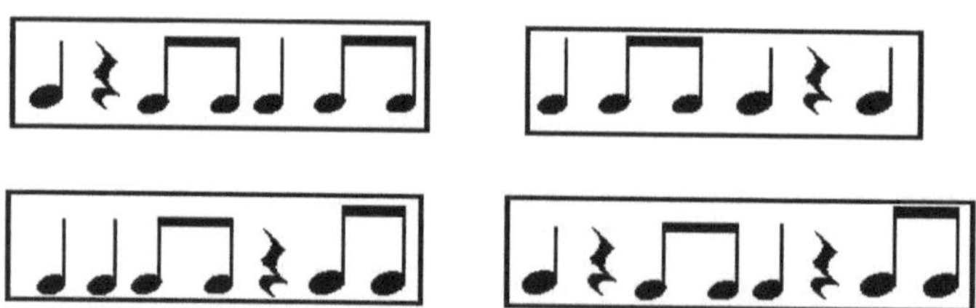

6° Sexto grupo de tarjetas

Se amplía la posibilidad pues aparecen la altura de los sonidos SO y MI, así:

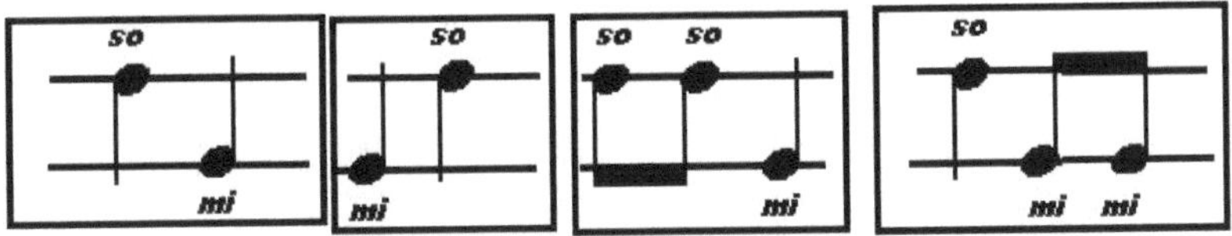

Se deben anotar los nombres SO y MI encima de cada nota. Se sugiere dibujar las líneas en color verde y las notas en rojo.

Posteriormente, se pasan las mismas tarjetas pero solo con las iniciales de los sonidos:

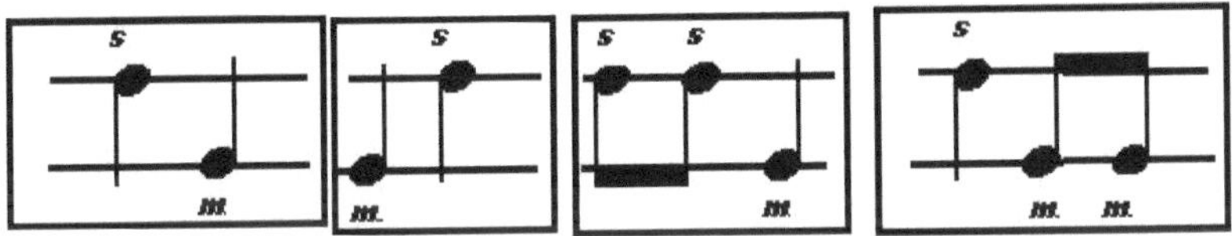

Una vez dominado este aspecto, se procede a pasar un nuevo grupo de tarjetas pero sin las iniciales de los sonidos.

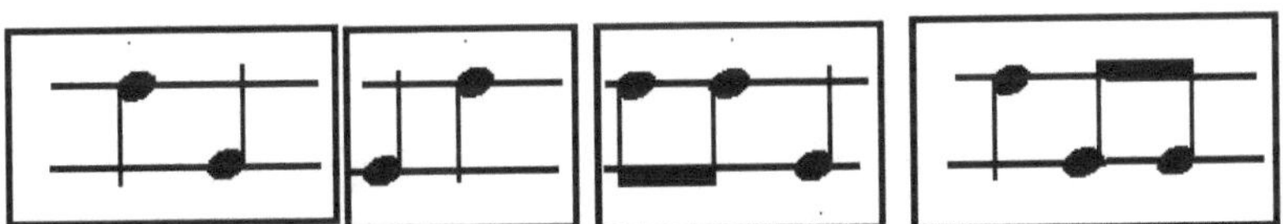

7° Séptimo grupo de tarjetas

Aumenta la complejidad del contenido de las tarjetas así:

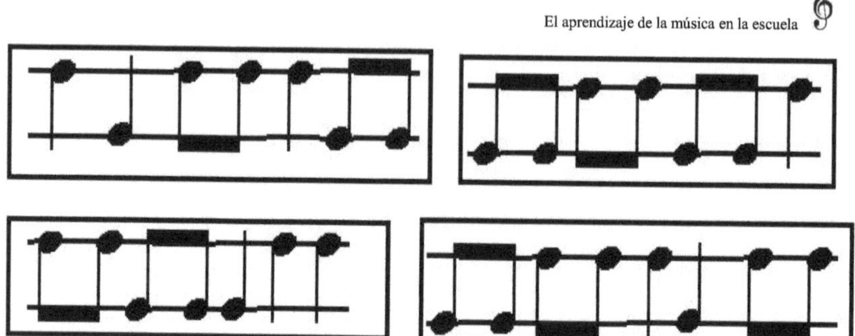

   A medida que van apareciendo nuevos elementos musicales se van incluyendo en nuevos grupos de tarjetas. Esta, es en términos generales, la forma como operan las tarjetas o fichas de aplicación del Método Musical Kodály.

   Se reitera la importancia que tienen para afianzar los conceptos y sobre todo, para mantener los estudiantes motivados.

Printed by Books on Demand GmbH, Norderstedt / Germany